SOLÈNE ANGLARET

Pensées
d'Ailleurs

Publié en Australie par
BeBeyondBorders
Elsternwick, VIC 3185
Tel: +61 478 692 529
Email: bebeyondborders@yahoo.com
Site internet: www.bebeyondborders.com

Première Publication en Australie 2020
Copyright © Solène Anglaret 2020

Tous droits réservés. Interdiction de reproduire, sauvegarder ou transmettre cet ouvrage et tout ce qu'il contient sans l'autorisation écrite de la maison d'édition.

A catalogue record for this book is available from the National Library of Australia

Anglaret, Solène
PENSÉES D'AILLEURS

ISBN: 978-0-6482432-6-7 (Format papier)
ISBN: 978-0-6482432-7-4 (Format électronique)

Couverture et mise en page par Christine Lugtu
Imprimé par IngramSpark®

Conditions
Le contenu de ce livre est uniquement basé sur l'expérience d'un individu. Aucune responsabilité ne peut être acceptée par la maison d'édition pour tout problème qui pourrait résulter de l'incompréhension ou la mauvaise interprétation de l'information contenue dans ce livre.

Les détails inclus dans cet ouvrage (adresse email, site internet, etc.) peuvent changer à tout moment.

Mon âme s'ouvre à vous

Faites-en bon usage

Avant que …

Je ne tourne la page

Table des matières

Amitié	....	8
Amour	....	14
Rupture	....	26
Tristesse	....	40
Vie & Mort	....	48
Monde	....	58
Poésie	....	68

Souhait

Je souhaite à ton cœur
Un verger de bonheur

Adieu les ennuis
Fini les soucis

Que pleine de joie soit ta vie !

Toi que j'ai la chance
D'appeler mon amie

Amitié

Confiance et confidences
Encore faut-il avoir de la chance
Pour trouver des amis avec qui
On veut partager toute notre vie

Sans aucun secret
Pouvoir être indiscret
Et se serrer dans nos bras
Rester longtemps comme ça

Mais même l'amitié
Peut connaître des difficultés
Que grâce à notre complicité
Nous pourrons surmonter

Y croire et espérer
Sont les clés
Pour la vie
Mon ami

Cadeau

La vraie amitié

Un cadeau donné

À ne pas refuser

Et à ne jamais oublier

Brisée

Un matin tu as changé
Sans appel tu as tourné
La page de notre amitié

Je t'ai adoré
Tu m'as abandonnée

Besoin d'oublier

Toi

Près d'un feu de forêt
Près d'une mer agitée
Près d'un jardin ensoleillé

Près d'un tout
Près d'un rien

Je te vois

Rencontre

Je ne m'y attendais pas
Comment ? Pourquoi ?
Maintenant tu es là
Tout près de moi

Rencontre inattendue
Sensation de déjà-vu

C'est dans un pays étranger
Que nos routes se sont croisées
Depuis ensemble nous avons partagé
Un peu plus qu'une amitié

Nos sentiments s'estomperont
Mais jamais nous ne regretterons
Cette parenthèse de séduction

Séduction

Exotisme
Érotisme
Envie de t'aimer
Jusqu'à m'enivrer

Un désir tellement fort
Envahit tout mon corps
Debout face à toi
Nue dans tes bras

De nuit comme de jour
Simple preuve d'amour

Espoir

Un papillon dans mes cheveux
Un doux regard dans ses yeux
Soudain je m'envole
Mon cœur s'affole

Tels des aimants fous
Attirons-nous
Un baiser gourmand
Des cheveux au vent

Ma simple vie
Soudain s'embellit
Mon âme s'échappe
Alors qu'il m'épate

Je sens ses bras
Autour de moi
Comme un souffle délicat
Une odeur de chocolat

L'espoir qu'il m'apprécie
Que jamais il ne m'oublie

Mon sang bat si fort
Plus rien ne m'endort
Penses-tu qu'il m'adore ?
Demain sera-t-il là encore ?

Paradis

Avoir tout contre soi

La légèreté d'une brise d'été
La chaleur de notre nid douillet
La ferveur de tes doux baisers

Sur la plage de notre paradis

Opposition

Tu composes. J'écris.
Tu écoutes. Je raconte.
Tu réfléchis. Je parle.
Tu t'isoles. Je socialise.
Tu pars. J'arrive.

Différents - Opposés
Un lien nous unit
Toi et Moi - Attachés
Nous aujourd'hui

Maintenant
Fortement
Éternellement

Aimons-nous

Nous

Bien ou Mal
Toi ou Moi

Deux êtres unis par l'amour
Séparés par leurs personnalités

L'essentiel après tout
C'est le Nous

Amour

Vague de confiance
Élan d'insouciance
Pluie de milliers de baisers
Qui viennent tout effacer

Émotion
Passion
Sensation

Amour
Toujours

Remplissant nos vies
D'un bonheur infini

Toujours

J'aimerais me fondre dans tes yeux
Et me confondre dans ton bonheur
Je voudrais t'aimer pour toujours

Ô mon amour

Rupture

Tu m'embrasses
Tu me quittes

Volée
Blessée
Vidée

Je ne fais que pleurer

Restons amis ?
Quelle plaisanterie

Je n'ai plus rien à te donner

Tu t'enfuis
Je dépéris

Pleurer

Mon cœur va mal
Mes jambes sont lourdes

Mon cerveau s'est fait la malle
Ma bouche a commis une bourde

Mes yeux ne cessent de pleurer
Comment te dire de rester ?

Mystérieux

Les larmes

De tes yeux

Sont d'un bleu

Si mystérieux

Larmes

Je souhaite voir dans tes yeux
Le bleu d'un ciel rêveur
Le vert d'une forêt luxuriante
Et tes larmes de bonheur

Sans lesquelles je ne peux vivre

Sens Unique ou Double Sens

Absence de courage

Comment t'avouer
Peur d'être blessée

Mon cœur est trop lourd
Et mon souffle trop court

Je n'ai pas la force
Parles-tu le morse ?

Présence d'esprit

Jamais je ne pourrai te dire
Ce qui me fait souffrir

Mon amour équivoque
N'est pas réciproque

Dans tes yeux

Tes yeux ont fleuri
L'herbe a été foulée
Forte pluie, tu as ri

Tu nous as quitté
Tu nous as volé
Tu nous as pleuré

Serrée dans ses bras
Tes yeux ont séché

Cœur

Mon cœur s'emballe
Des chevaux au galop
Plus haut toujours plus haut
Des aiguilles, un arrêt

Mon cœur béant
Mon cœur battant
Que personne n'entend

Vraiment

Désespoir

Venir te voir
Pleine d'espoir

Écouter

Toutes tes histoires
Me laisser choir

Sombrer

Dans mes déboires
Aux allures de désespoir

Vide

Ivresse de chaque instant
Décadence du moment

Mensonge
Éponge

Effacer
Oublier

Cet immense vide laissé par toi
Qui te passes volontiers de moi

Douleur

Comment réagir
Savoir faire fuir
Pouvoir détruire

Le malheur
La douleur

De ceux qu'on *aime*

Temps

Sentiment certain
Ou incertain
Chose qui vient du cœur
Et qui jamais ne meurt

L'amour

Laisse des traces
Qui ne s'effacent
Qu'avec le temps

Regrets

Comment oublier
Cesser de pleurer
Sur ses amours passées
Telle est la difficulté

Aimer et être aimé
Juste pour ce qu'on est

Blessure

Mon cœur blessé
Continue de saigner

Empiété sans pitié
Meurtri et brisé

Tel un oiseau écrasé
Il gît sur le sol glacé

Et personne
Non personne

Ne tend la main pour le ramasser

Tristesse

Coule le long de ton visage
Une larme d'impuissance
Face à la chute des barrages
Construits en son absence

Derrière ton faux sourire

Se cache une blessure brûlante
Et une tristesse débordante

Sauvetage

Un vent amer
Un torrent de pierres
Balaye ton bonheur
Ensevelit ton cœur

Tu dégringoles
Et impuissante
Tu te laisses glisser

Ta solitude est si lourde
Qu'elle écrase ta joie

Ta lassitude est si vaste
Qu'elle avale ton rire

Bouleversée par ta fragilité
Comment puis-je te protéger ?

Ma main se tend vers toi
Je t'en supplie, saisis-la

Si seulement je savais quoi dire
Pour te faire passer l'envie de mourir

Malheur

Vivre sa vie

Selon ses moindres envies

Sans avoir peur

De montrer son malheur

Égalité

Le désespoir peut toucher
La solitude peut frapper
L'assassin peut tuer
La tristesse peut brûler

L'amour peut détruire
L'ami peut faire souffrir

N'importe qui

Blanc ou noir

Quelle est cette force infinie
Qui soudain m'envahit?

Seule dans le noir
Ô mon désespoir
Où est ton opposé?
Laisse-moi rêver

Comment faire pour survivre?
Faire que le bonheur m'enivre

Brisé est mon cœur
Sans lui j'ai si peur

Si seulement je pouvais
Retrouver ce que j'aimais

Une vie sans souci
Un amour, des amis

Je t'en prie juste un sourire
Que mon espoir cesse de périr

Vie

La vie c'est comme une fleur

Ça commence avec un bouton
On se pose plein de questions

Puis elle s'épanouit
S'ouvre et fleurit

Mais un jour se replie
La fin nous poursuit

Et elle s'en va simplement
Inéluctablement

La vie

Mort

Tes mains fuient
Ce que mon cœur veut te dire
Je me retrouve seule

Nuit

Tu pars
Trop tard

Je suis finie
Je ne veux plus de cette vie

Un matin sans réveil
Un envol sans retour

Mon amour

Regard

Plus profond qu'un précipice noir
De tes sombres pensées le miroir
Vide où j'aimerai tellement pouvoir
Tout doucement me laisser choir

Qu'est-ce qui te fait sourire
Alors que je vais bientôt partir ?
Allons-nous enfin dormir
Est-il temps de mourir ?

Sans plus lutter mon cœur
Dans l'océan de tes pleurs
Glisse telle une jolie fleur
Loin de toutes mes peurs

M'y confier comme un parloir
Qu'y caches-tu ? Va savoir !
Avant que la vie ne nous sépare
Je me plongerai chaque soir

Dans ton mystérieux regard

Croire

Croire en sa vie
Cette drôle de vie
Où peuvent se mêler
Ennemis et alliés

Perdre tout espoir
Écouter des tas d'histoires
Et quand plus rien ne rime
Succomber à la déprime

Mais toujours essayer
De se relever
Accepter d'être aidé
Accepter d'être aimé

Refuser de mourir
Et tenter d'ouvrir
Notre cœur
Au bonheur

Impossible

Partir
Sans faire souffrir

C'est comme

Mourir
Sous une pluie de rires

Éternité

Entre vie et mort
Il n'y a qu'un monde
D'inventions
De suppositions
Vouloir savoir
Et croire
Au paradis
Lieu idéal
Et aux enfers
Lieux de guerre
Croire en Dieu
Pourquoi ?
Nul ne nous a indiqué
Où nos âmes
Et nos esprits
Sont conduits
Ceux que l'on aime
Ont-ils de la peine ?

Si vous pouvez
Tous les aider
À retrouver
À travers les étés
Leur voie
Pour qu'ils soient
En sécurité
Pour l'éternité

Fin

Quand la solitude nous enlace
Quand le malheur nous embrasse
Rempli de tristesse on trépasse

Inconnu

Devant l'inconnu
On se sent perdu

Comme

Seul dans une rue
Terrifié et ému

Mais quand il devient connu
L'inconnu

On l'aime éperdument

Liberté

Échapper au drame
Défaillance de l'âme
Une seule solution
Oublier la raison

Raviver la flamme
Essuyer nos larmes
Vivifier notre passion
Telle est ma mission

Mon amour
Pour toujours
À la clé

Douce liberté

International

Quand j'étais jeune et bohème,
J'aimais écrire des poèmes.

Des mois et des années ont passé,
Les mots se sont envolés.

De deux langues maîtrisées,
À un tout mélangé.

Elles m'ont laissé perdue …
Famille et amis confus.

Français

Qu'écrire ?
Et que dire ?

Perdre ma langue maternelle …
Certains me disent bilingue.
D'autres un peu dingue.

En résumé,
Internationale
Est ce que je suis,
Hier, demain et aujourd'hui.

When I was young and free,
I loved writing poetry.

As the years went by,
Words waved goodbye.

The two languages I spoke,
Became something bespoke.

They left me totally bemused …
Family and friends confused.

English

What to write?
Is that right?

Losing my mother tongue …
Some call me bilingual.
Others say bye-lingual.

In summary,
International
Is what defines me,
And who I'll forever be.

Humanité

Je n'aime pas
Je déteste

Je ne vis pas
Je tue

Je ne dors pas
Je meurs

Cynique
Ironique
Sarcastique

Non

Honnêteté
Humilité
Humanité

Nature

Terre à terre
De toi à moi

La nature a pleuré
L'hiver est devenu été

Réagissons, ouvrons les yeux
Nous ne pouvons que faire mieux

Préservons le monde entier
Avant qu'il ne cesse de tourner

Vie ou mort
Nature ou modernité

Pluie

Sous un ciel bleu
Sous un soleil d'été

Sous une chaleur étouffante
Sous un gigantesque palmier

J'entends la pluie

Éclipse de Lune

Où es-tu
Doux astre

Soleil de la nuit

Reviens
Je t'en prie

Je me perds
Sans ta lumière

Oubli

Besoin d'échapper
Envie de m'isoler
Comment oublier
Pouvoir effacer
Toutes ces pensées
Briser cette anxiété

Qui me poursuit
Qui me détruit

Petit à petit	Lentement
À l'infini	Inéluctablement

Poésie

J'écris

Je revis

Cette poésie

Qu'est ma vie

Bancal

Poème bancal
Comme ma vie sentimentale

Si loin de toi
Qui est tout pour moi

Poème bancal
Comme ma vie sentimentale

Seule aujourd'hui
Qu'en est-il de ma vie ?

Poème bancal
Et vie banale

Cauchemar

Ma vie

Une poésie

Qui

Me terrifie

Rêve

Âme d'un poète
Prends ta plume
Et allume
Un feu sans fin

Pose tes mots
Sur du papier
Vois s'illuminer
La Voie Lactée

Invente ta lune
Et pars la décrocher
Prends-toi à rêver
D'un monde meilleur

Entre les lignes si discrets
Se trouvent tous tes secrets
Il t'a fallu du courage
Pour écrire chaque page

Fini la pudeur
Cher lecteur
Entre tes mains espère se tisser
L'avenir d'une artiste pleine d'idées

Écrire

Quand parler ne rime plus à rien
Quand en apparence tout va bien

Quand personne ne mérite d'écouter

Car c'est à vous-même
Que vous devez parler

Écrivez

Remerciements

Cette collection de poèmes est dédiée à ma grand-mère Claudine, dit Mamée. Sa résilience et sa capacité à nous aimer tout en ayant le cœur brisé m'ont toujours impressionné. Il faut savoir que tous les jours, Mamée lit Le Monde du début à la fin. J'espère donc que mes poèmes accompagneront agréablement les nouvelles.

Je tiens également à remercier mes parents, Alice et Philippe Anglaret ainsi que ma sœur, Anaïs Anglaret pour leurs encouragements et leur confiance sans faille.

Enfin, merci à mes amis d'enfance – notamment Caroline Dantard – pour les petits mots qu'ils ont laissés le long de mon carnet de poèmes. Sans vous, je ne sais pas si j'aurais eu le courage de continuer à rimer.

A propos de l'auteur

Dès le plus jeune âge, Solène se trouve une passion pour les lettres et l'art en général. À 11 ans, elle commence à écrire des poèmes dans un carnet qui la suit partout. C'est sur ces pages que Solène exprime ses émotions les plus intimes, ses rêves les plus fous, et ses angoisses les plus menaçantes. En cours de français, elle découvre Paul Eluard qui devient son idole littéraire absolue. Dès lors, elle commence elle-même à tenter des mélanges de vécu et d'absurde.

La réalité interrompt cette exploration artistique quand, à 18 ans, Solène déménage seule à l'étranger pour la première fois. Par la suite, elle a la chance de vivre dans six pays (France, Norvège, États-Unis, Angleterre, Chine, et Australie) et d'en visiter plus de 50. Malheureusement, au fil du temps et de ses voyages, Solène perd à la fois sa confiance artistique et son français …

Elle se met alors à écrire en anglais et publie trois livres : *Where to Next?* (2019 - un récit autobiographique sur la quête du chez-soi), *Where Are You From?* (2019 - un livre pour enfants sur le multiculturalisme), et *Where?* (2020, une collection de poèmes sur le thème de la vie et du voyage). À travers toute son œuvre, Solène souhaite pouvoir contribuer à créer un monde de tolérance, d'acceptation et de paix.

Pour en savoir plus, visitez:
www.bebeyondborders.com
bebeyondborders@yahoo.com
@bebeyondborders

www.ingramcontent.com/pod-product-compliance
Lightning Source LLC
Chambersburg PA
CBHW070311010526
44107CB00056B/2563